LIVRE

A EPELER

ET A

LIRE

TROISIEME EDITION.

AUGMENTÉE ET CORRIGÉE.

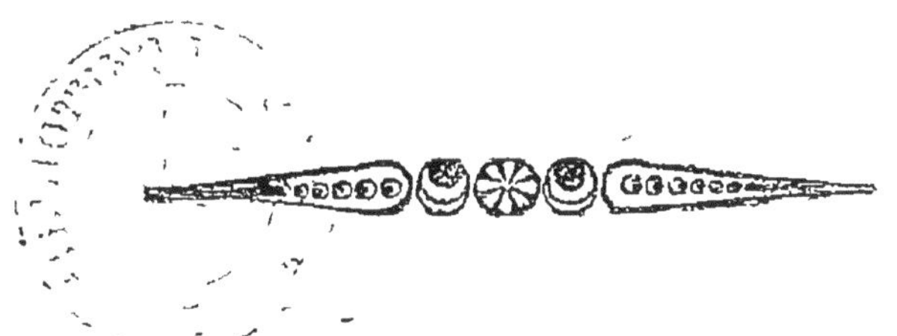

à AMSTERDAM.
Chez J. ten BRINK, Gz.
Libraire, dans le Warmoesstraat.
1811.

A B C D E F G H I J

K L M N O P Q R S T

U V W X Y Z

(´) accent aigu   (ç) cédille
(`) accent grave   (..) tréma
(ˆ) accent circonflexe   (') apoſtrophe
(,) virgule   (-) trait d'union
(.) point   (!) ſigne d'admiration
(:) deux points   (?) ſigne d'interrogation
(;) point et virgule   ( ) parenthèſe

a.	e.	i.	o.	u.	y.
ca	---	---	Co	Cu	---
---	Ce	Ci	---	---	Cy
ca	ce	ci	co	cu	cy
ça	---	---	ço	çu	---
ga	---	---	go	gu	---
---	ge	gi	---	---	gy
ga	ge	gi	go	gu	gy
gea	---	---	geo	geu	---
gna	gne	gui	gno	gnu	gny
ha	he	hi	ho	hu	hy
ja	je	ji	jo	ju	jy
pha	phe	phi	pho	phu	---

qua	que	qui	quo	---	quy
ag	eg	ig	og	ug	---
au	eu	eau	eut	eux	éur
en	em	ent	vent	vents	tems
oï	oït	vois	voit	doit	loix
ou	dou	doux	vous	nous	tous
qua	que	qui	quo	quû	quy
qu'a	qu'à	---	---	---	qu'y
cha	che	chi	cho	chu	chy
chat	cher	chis	choc	chut	---
jar	jeux	jis	joc	jeur	---
gear	char	gez	chez		
Um	ut	ur	us	uc	ux

ib	ic	id	if	ik	im	ils
be	bé	bè	bê	bel		
ce	cé	cè	cê	ces		
che	ché	chè	chê	chez		
de	dé	dè	dê	dès		
fe	fé	fè	fê	fez		
ge	gé	gè	gê	gez		
gne	gné	gnè	gnê	gnez		
he	hé	hè	hê	---		
le	lé	lè	lê	les		
me	mé	mè	mê	mes		
ne	né	nè	nê	nes		
pe	pé	pè	pê	pes		
phe	phé	phè	phê	---		
re	ré	sè	rè	rets		
fe	fé	fè	fê	fes		
te	té	tè	tê	tes		
ve	vé	vè	vê	---		
xe	xé	xè	xê	xes		
ze	zé	zè	zê	---		

poul	fouls	foul	fout	vout
cour	four	tour	clou	chou
joug	moût	bourg	roux	août
loup	goup	houp	joup	coup
cou	cous	coux	court	coups

beuf	neuf	oeuf	feu	feux
bleu	peu	feul	deux	yeux
pleur	peur	meurt	pleurt	fleur
jeu	jeun	creux	veux	ceux

boeuf	oeuf	boeufs	oeufs	coeur
foeur	noeud	yoeux	moeurs	choeur

oeil	treuil	feuil	deuil	gueux
oui	bouis	buis	luit	fuit
muid	nuit	duit	fruit	luit

fuif	fuis	brui	bruit	puy
cuit	cuits	puits	fuit	huis

oit	boit	doit	goit	froid
poil	quoi	noix	mois	vois
toit	choir	loir	voir	foif
coin	groin	foin	loin	moins
oing	poing	point	coing	feoir

lieux	vieux	yeux	mieux	ceux
fieur	- - -	- - -	- - -	- - -

bien	rien	tien	fien	chien
fier	hier	brief	grief	fief
pied	viez	niez	fied	ciel

air.	clair	chair	phair	lair
ain	plain	crain	plain	fain
ais	ait	plait	brait	tait

aix	bain	vain	main	rain
ein	bein	vein	mein	rein
ien	bien	vien	mien	rien
cein	dein	fein	lein	fein
cien	dien	fien	lien	fien
ceux	deux	veux	feux	peux
cieux	dieux	vieux	fieux	piéux
fein	feint	fain	faint	frein
aux	baux	caux	daux	faux
paul	fauf	faul	faut	vaux

Ca	ça	ga	gea	co	ço	go		
ce	ge	cu	çu	gu	geu			
ga	ge	gi	go	gu	go	gi	ge	ga
ca	ce	ci	co	cu	ça	ço	çu.	

Deux mots d'une syllabe.

ç'a	c'est	ç'ont	c'eut
d'or	d'un	d'eux	d'où
l'os	l'eau	l'arc	l'oeil
m'as	m'eut	m'ont	m'ait
n'a	n'y	n'en	n'eus
qu'à	qu'eux	qu'ils	qu'un
qu'on	qu'hier	qu'en	qu'œil
s'y	s'en	s'est	s'il
t'y	t'eut	t'ait	t'ont

Mots de deux syllabes.

A-bats	ap-prêt	bé-ant	blo-cus
ab-fous	a-près	bel-le	blu-teau
ac-cueil	ar-cher	be-nin	blu-toir
a-veu	ar-rhe	bé-nir	boifer
ain-fi	au-get	ber-cail	bois-feau
a-tour	au-roient	ber-ceau	bois-fon
at-trait	ba-bel	ber-cer	bor-gne
ar-bre	ba-daut	ber-ger	bou-che
au-tel	ba-chot	be-foin	bou-ché
ab-ject	ba-gues	bes-fon	bou-cher
a-boi	ba-guier	bé-tail	bou-chez
ab-cès	bail-le	bê-te	brai-re
ac-cès	bail-leur	beu-gler	bran-chier
a-chat	bail-leul	beur-re	bre-bis
a-cier	bail-lon	beur-ré	brê-che
ac-quit	bail-lif	bi-chon	brigue
a-cre	bai-fer	bi-ge	bri-foir
a-fin	bai-foient	bi-gle	bron-ze
a-gé	baisfer	bi-gler	brouil-lard
ai gu	bais-foient	bi-gne	brou-ïr
ail-leurs	bai-fant	bi-jou	bro-yer
aî-lé	bais-fant	bil-lard	bro-yeur
ai-miez	bas-fin	bil le	bu-veur
ai moit	ba-fin	bil-ler	Ca-brer
ai-moient	bas-fe	bil-let	ca-cher
a gueau	ba fe	bil-lon	ca-chet
a-mer	ba-fé	bis-cuit	ca-gne
a-men	bas-fon	blan-chet	ca-gneux
a nier	ba-fous	blé-me	cail-le
ap-pât	bâ-tir	bleu ïr	cail-lé
ap-peau	bau-mier	blin-des	cal-mé

cal-mer	ci-gne	dis-pos	flû-tes
cal-mez	ci-ment	di-vers	for-ça
câ-pre	ci-vier	di-zain	for-çoit
car-gues	claus-tral	dog-me	for-ge
car-ré	clou-tier	dô-me	forgeons
car-quois	co-gner	don-geon	four-gon
car-reau	comp-te	douil-le	four-chu
cau-fe	con-ftruit	dur-cir	fu-yard
cau-fer	crê-che	E-chec	fu yant
cel-le	cré-pir	ef fort	Gail-lard
ce lui	cy près	ef-froi	geo-lier
cer ceau	cy-cle	en-jeu	geor-ge
cer-feuil	,, ca-chot	en-nui	gi-got
cer-veau	,, ce-lui	en-troient	gi-bet
cer-vier	,, ci-mier	ex-trait	gi-bier
cha-grin	,, co-ton	Fa-çon	gi-ron
chaî-ne	,, cu-ver	fau-con	gi-let
chaîneau	,, ca-mard	fa-got	gla-çon
cha-leur	,, cen-dre	fail-li	glai-reux
cha-lit	,, co-cher	fai-foient	glai-fe
chan-cel	,, ci-joint	fal-loir	glis-fer
chan-ceux	,, cou-reur	faux-bond	glis-foient
chan-ge	Da-gue	faux-fraix	goî-tre
chan-geant	dai-gner	fé-e	gor-ge
chan-teau	d'au-tant	fem-me	gor-ger
char-ge	dé-lai	fe-nouil	gour-me
char-gé	dé-but	fer-mail	gous-fet
char-geant	de-çà	fê te	gril-ler
char treux	de-cent	fê-é	gri-fon
char-tier	dé faut	feuil-les	gru-ë
chas-foient	dé-goût	feuil let	gue-non
chan-fon	de-fert	fil-leul	gué-rir
chom-mant	det-te	fi-ler	guer-rier
cho-quant	di-gue	fi-lou	gué-tre

guê-tré
guet-ter
gueu-le
gueu ler
gueu-ser
gui-chet
gui-gnon
guil-lot
guin-der
guin-gois
gui-se
,, ga-geons
,, gé-ant
,, gi-ron
,, go-be
,, gue-ri
,, ga-gea
,, ge-lé
,, go-bant
,, gî-te
,, guè-res
Ha-choir
ha-ïr
ha-reng
har-nois
har-peau
hau-bois
ha-vre
haus-ser
hau-te
hau-teur
hé-rault
hé-ron
hê-tre

his-ser
ho-chet
hon-gre
hus-sard
hous-soir
ho yau
hu-le
hui-ler
hui-leux
huis-sier
hui-tain
huî tre
hy-dre
hym-ne
lo-ta
i-preau
i-ris
is-le
i-tem
Ja-dis
jar-gon
jau-ger
jau-geur
jau-nir
jean-ne
je-ton
joi-gnant
join-dre
join-te
joi-gnons
jon ché
jou-ë
jou ër
jou ët

jou-jou
jou-ir
joû-te
jo-yau
jo yeux
ju-bé
ju-cher
ju choir
ju-ge
ju-geons
ju-gea
ju-ve
ju-meau
ju-ment
jus-ques
juil-let
la-cer
la çons
la-çant
la-çons
lan-çoir
lan ges
lan-gu ur
lan-guir
lar-geur
li-ais
lier-re
li-gne
li gneul
li-gneux
li-guer
li-gueur
lon-ge
lo-ger

lo-geant
lo-geons
lo gis
lon-gue
lon-gueur
lor-gne
lor-gnons
lo-yer
lu-eur
ly-re
lym-phe
Mâ-cher
ma çon
mail-le
man-geons
mal-gré
mar-ge
mar-queur
mar-tyr
milieu
moi-neau
moi tié
moi-gnon
mou-choir
mou cheur
mouil-ler
moul-loient
mo-yen
myr-rhe
myr-the
Na-geur
na ïf
nei ge
ner-veux

ne-veu	pê-cher	pui-né	ron-geànt
neu-ve	pé-ché	puis-fant	ro-gneux
neu-tral	pê-cheur	py-thon	rou-gir
ni-ais	pé cheur	quel-que	ruis-feau
ni-choir	pei gne	qui-gnon	ru-fons
niè-ce	pei-gner	quil-le	ru-che
niel-le	pei-gnier	queu-ë	Sa-blon
nord-ouest	pei-gnoir	quin-tal	fa-cré
no-yau	Pein-dre	quê-ter	fa-fre
nui-re	pein-tre	quil lon	fai-gner
nui-fant	pei-gnons	quin-ze	fei-gneur
Ob-jet	pei-gnant	quit-toient	fai-gnant
œil-let	per-çant	quoi-que	fai-gneur
œu-vre	per-ceur	Ra-cloir	fail-lant
oi-gnon	per çons	râ-fle	fan-guins
oin-dre	per-çoir	ra-ge	fau-ce
oi-feaux	per-çu	ra-goût	fau-ge
oi-feux	peu-reux	rail-ler	fca-breux
oi-fif	phé-bus	rail-leur	fe-cond
oi-fon	phé-nix	rai-fins	feg-ment
on-guent	phleg-me	ra-mier	fer-rail
or-ge	pi-geon	ran-çon	fi-gne
o-rient	pi-lon	ran-ger	fi-gnons
or-teil	pil-lons	ran-geons	fil-lon
ou-vroient	pin-çon	ran-geant	fo-leil
Pa-ge	poin-çon	ra-yon	for-cier
pail-le	poi-gnard	re-coin	foup-çon
pail-lon	poi-gnet	re-cours	four-nois
pa-rant	pois-fon	re-çu	fou-tien
pa-rent	poi-fon	re-cueil	fo-yeux
Pa-reil	poi-trail	re-gne	fquir-re
pa-thos	pouil-les	re-jet	ftri-bord
pa-ys	pour-voir	ro-gnon	fty-let
peaus-fier	pré-vôt	ro-gnant	fuc-tint

fuc-çons   thè-fe   ty-ran   ver-meil
fu-eur   tie-dir   U-fant   ver-rouil
fu-jét   tier-ce   u-foient   ver-veux
fuis-fe   ti-guon   u-fons   vieil-lard
fui-te   toi-fe   Va-gue   vier-ge
fuin-ter   toi-fon   vail-le   vi-gne
fui-voient   tor-rent   va-feux   vi-gueur
fy-rop   traî-neau   ,, veil-le   vo-gue
Tâ-che   traî-tre   ,, veil-ler   vo-gueur
tâ-cher   tran-choir   ,, vieil-le   voi-lier
tail-le   tra-vail   ,, vieil-lir   voû-te
tail-ler   tré-for   veil-loir   vui-der
tail-lis   tri-gaud   ven-geur   Y-preau
tau-reau   trin-gle   ven-geons   Zé-phir
tei-gne   tro-gnon   ver-ge   zê-le
tei-gneux   trous-feau   ver-ger   zé-ro
tei-gnons   tu-eur   ver-gue   zô-ne
tei-gnant   ty pe   ver-jus

Mots de trois fyllabes.

A-bais-feur   ac-cueil-lir   a-gres-feur
a-beil-le   ac-quit-ter   a-gne-let
a-bî-me   a cre-té   a-grai-re
ab-jurer   a-da-ge   a-gré-er
ab-hor-rer   ad-ja-cent   a-heur-té
a-bo-yer   ad-jec-tif   ai-glet-tes
ab-fou-dre   ad-ju-ger   ai-gris fant
ab-fyn-the   ad-ju-geons   ai-gu-ë
ac-col-ler   af-fi-che   ai-gua-de
ac-com-plir   af-fou-guer   ai-guiè-re
ac-croî-tre   af-freu-fe   ai-guil-le
ac-cou-cheur   a-gré-gé   ai-guil-ler

ai-gui-fer	Bâil-le-ment	bouil-lan-te
a-jou-ter	ba-bi-che	bour-geoi-fe
a-lar-guer	ba-che-lier	bour-geon-ner
al-lon-ger	ba-di-geon	bou-teil-le
al-lé-guer	ba-ga-ge	bre-douil-le
a-mai-grir	ba-guet-te	bre-douil-loient
a-meu-blir	bai-gnoi-re	bri-ga-de
an-gois-fe	bai-fe-mains	bri-guâ-mes
an-gloi-fe	ban-da-ge	brou-ët-te
a-pô-tre	bar-bouil-ler	brouil-le-ment
ap-pa-reil	bar-bouil-loient	brn-yè-re
a-qui-lin	bas-cu-le	Ca-bo-che
a-rè-ne	ba-tail-le	ca-che-ter
ar-gen-té	bé-gueu-le	caf-fe-tier
ar-gil-leux	bé-gui-ne	ca-gé-e
ar-moi-re	bé jau-ne	ca-gnar-de
ar-ran-geons	bê-le ment	caïl-le-ment
ar-riè-re	bé-ni-gne	cal-cu-leux
ar-ro-gant	bien-fé-ant	ca-le-çon
ar-ro-geant	bi-gar-ré	cal-feu-trer
as-fas-fins	bi-jou-tier	cam-pê-che
as-fi-gner	bil-bo-quet	ca-nel-le
at-tei-gnons	bil-lon-ner	ca-rê-me
at-tei-gnoient	bis-fex-til	cé-lè-bre
au-bai-ne	blan-châ-tre	cé-li-bat
a-veu-gle	blan-chis-fant	cen-tau-re
au-gé-e	blan-chis-feur	cer-vai-fon
au-gu-re	blas-phê-me	chaî-net-te
au-mô-nier	bo-ca-ge	cha-moi-feur
au-tri-che	bo-he-mien	cham-pi-gnon
au-tru-che	bois-fe-lier	chan-gean-te
a-yeu-le	bor-gnes-fe	cha-pon-neau
a-zu-ré	bou-get-te	châ-tai-gne
a-zy-me	bouil-loi-re	che-vril-lard

chi-rur-gien   di-zai-ne   ex-a-men
clin-quail-le   douil-let-te   ex-cel-lent
col-ly-re   dru-i-des   Fa-çon-nier
com-plai-gnant   dro-guis-te   fai-né-ant
con-flu-ent   E-bau-che   fai-ta-ge
con-ju-rer   é-blou-ir   fa-mi-lier
con-noî-tre   é-bau-choir   fan-geu-fe
con-tre-fcel   é-cail-le   fas-tu-eux
con-trô-leur   é-cail-leux   fa-ti-gue
con-vain-cant   é-chan-ge   fau-cha-ge
cor-fa-ge   é-chan-geons   fau-cil-le
co-ti-gnac   é-chan-fon   fa-yan-cier
cô-to-yer   é-chel-le   fer-rail-leur
cri-ail-leur   é-chi-quier   feuil-la-ge
croi-fa-de   é-clip-fe   fll-leu-le
crou-piè-re   ef-fra-yant   fla-gel-ler
cuil-le-ron   é-ga-yer   fla-geo-let
cy-ni-que   é-glo-gue   fla-gor-ner
Dam-na-ble   é-lar-gir   flo-til-le
dé-bau-che   é-mail-ler   fo-lâ-tre
dé-bou-ché   em-pê-trer   for-ge-ron
dé-brouil-loient   é-mul-gent   fos-fo-yeur
dé-cein-dre   en-chaî-ner   fre-quem-ment
dé-ce-vant   é-nig-me   frois-fe-ment
dé-chaî-ner   en-jou-é   fu-tail-le
dé-char-ge   en-tr'ac-te   fu-yan-te
dé-char-geons   en-tr'ai-der   Ga-bel-le
dé-cou-fu   en-va-hir   ga-geu-re
dé-fron-çons   é-pa-gneul   gail-lar-de
dé-gueu-ler   é-par-gne   gar-gouil-le
dé-gui-fer   é-qua-teur   gau-loi-fe
dé-lo-geons   es-piè-gle   ge-nouil-leux
di-gni-té   é-tan-çon   glan-du-leux
di-xiè-me   é-vê-ché   go-guet-tes

gre-nouil-le
gril la-de
gro-tes-que
gue-nil-le
gué-piè-re
gué-ri-don
gué-ri-fon
gué-ris-fons
gueu-lé-es
gueu-fail-les
gui-che-tier
Ha-bil-lé
har-gneu-fe
hau-ber-geon
ha-ran-gue
ha-ran-gueur
har-gneu-fe
haus-fe-col
her-biè-re
ho-ri-fon
hô-pi-tal
hor-lo-ge
hui-leu-fe
hui-tiè-me
I-dé-al
i-gna-re
i-gno-ble
i-gno-rant
im-po-li
im-pre-gner
in-dul-gent
in-é-gal
in-si-gne
in-tri-guer

ir-lan-dois
i-fo-lé
i-voi-re
i-vro-gne
i-vra-ye
Ja-chère
ja-lou-fe
jau-nâ-tre
jon-ché-e
jon-quil-le
jou-ail-lier
jou-is-fant
jo-yeu-fe
ju-bi-lé
Lâ-ché-té
la-cry-mal
lai-tiè-re
lan-gou reux
lan-guis fant
la-yet-te
lé ga tion
lé-gen-de
li-gna-ge
li-gné-e
li-gneu-fe
li-ma-çon
lor-gnet-te
lo-yau-té
Ma-cé-rer
mâ-choi-re
maî-tri-fe
man-gea-ble
man-geu-fe
man-geail-le

mé-gis-fier
mé-lan-ge
me-na ceur
mi-gnon-ne
mi-gnar-de
mi-to-yen
mois-fon-ner
mous-que-ton
mu-gis-fant
mu-rail-le
mys-ti-que
mys tè-re
Na geoi-re
na geu-fe
na-ï-ve
na-fil-ler
na-vi-guer
nau-fra-ge
né-gli-gent
neu-viè-me
noir-cis-fant
noi-fet-te
non pa-reil
nour-ris-fon
non-cha-lant
nu-a-ges
nul-li-té
nu-tri-tif
O-bé-ir
ob-jec-tif
ob-fcur-cir
o-bli-ger
o-bli-geant
ob-fé-der

ob-fè-ques   por-phy-re   re-brous-fer
ob-ſtruc-tif   pou-lail-ler   re-char-ge
ob-vi-er   pré-ci-eux   re-chauf-fer
o-di-eux   pré-cō-ce   re-cher-cheur
oeil-la-de   pré-cur-ſeur   re-chi-gné
oeil-let-te   pré-ju-gé   re-cueil-lir
oeil-lè-res   pres-ti-ge   ré-dui-re
oeil-le-ton   pro-chai-ne   ré-el-le
of-fus-quer   pro-mul-guer   re-fi-cher
oi-gne-ment   pu-é-ril   re-flé-chir
oi-gnet-te   puis-fam-ment   re-fou-loir
oi-fe-leur   pu-pil-le   re-fro-gner
oi-fi-ve   pyg-mé-e   ré-gen-ce
on-ziè-me   py-ri-te   ré-gis-ſeur
o-pu-lent   Qua-li-té   re-gon-fler
o-ra-geux   qua-dran-gle   re-join-dre
o-reil-ler   qua-triè-me   re-joi-gnons
or-gueil-leux   quel-qu'u-ne   ré-jou-ir
o-ril-lon   quel-con-que   re-lâ-ché
ou-ail-le   que-nouil-le   re-mouil-ler
ou-tra-geant   quin-qui-na   ren-ché-rir
o-xy-mel   quin-zai-ne   re-pai-tre
Pal-las-ſe   quit-tan-ce   ré-pu-gner
pa-lan-quin   Ra-bais-fer   re-vè-che
pé-né-trant   rac-cou-treur   ri-gi-de
pé-ril-leux   rac-cro-cher   ri-gou-reux
pé-tris-ſeur   ra-chi-tis   ro-cail-le
phi-o-le   raf-fû-ter   ros-fi-gnol
phy-fi-que   ra-goû-tant   rou-geo-le
plai-gnan-te   râ-le-ment   Sac-ca-geoient
plâ-triè-re   ran-çon-ner   fai-gné-e
po-é-te   ran-gé-e   fa-fra-né
poin-til-le   rap-pro-cher   fa-gou-in
poin-til-leux   re-bâ-tir   fai-gné-e

fail li-e
fau-mâ-che
fculp-tu-re
fé-duc-teur
fé-jour-ner
fé-rin-gue
fic-ci-té
fi-gna-ler
fin-cè-re
fix-iè-me
foi-gneu-fe
fom-meil-ler
fom-me-lier
for-ciè-re
fou-la-geant
fou-pi-rail
foup-çon-ner
fpé-ci-eux
fpon-gi-eux
fug-gé-rer
fur-veil-lant

fym-bô-le
fy-ftê-me
Tail-lan-dier
tail-lé-e
ta-lin-guer
tan-ga-ge
thé-a-tre
ti-rail-ler
tour-bil-lon
tra-gi-que
tra-hi-fon
traî-tres-fe
tré-bu-chet
tres-fail-lir
tu-to-yer
Ul-cè-re
ur-gen-te
u-fa-ge
u-vé-e
va-cil-lant
va-gue-ment

vais-fël-le
ver-get-tes
ver-rouil-lé
ver-tu-eux
ves-ti-ge
veu-va-ge
vi-ci-eux
vi-gno-ble
vi-lai-ne
vil-la-geois
vi-nai-gre
vingt-ié-me
vo-lail-le
vol-ti-ger
vo-ya-ge
vrai-e-ment
vui-dan-ge
vul-gai-re
Zin-zo-lin
zo-i-le
zoo-phy-te

Mots de quatre fyllabes.

Abaisfement
abbrégement
abforption
accordailles
acquiescement
aiguillette
andouillette
anguichure
anonyme

antiquaille
apophtegmes
astrologue
barbouillage
bayonette
begaiément
bitumineux
blanchisfage
botanique

bourgeoifie
bucentaure
buisfonniere
Cacochyme
calamitèux
califourchon
cantharide
castagnettes
cénotaphe

chancellante	fagotaille	jugeassions
chancissure	fébrifuge	justifiant
chatouillement	fenouillette	Labyrinthe
chélidoine	fiançailles	lambrissage
corbeillée	flamboyante	latérale
croquignole	fourbissure	légéreté
curviligne	fraternité	législateur
Damasquiner	funerailles	léthargique
débarbouiller	Gagne-petit	ligamenteux
décacheter	gasconnade	linéament
dédaigneuse	gasconisme	logarithme
délogeâmes	gigantesque	Malveillance
démangeaison	gnomonique	marguerite
défennuyer	gréfillement	merveilleufe
desfèchement	grosfièreté	mignardife
dévastateur	guérisfable	mignature
diocéfe	Habituelle	mijaurée
dixièmement	harengère	muficien
dommageable	hébraïque	myriade
écrouëlles	hémisphére	mystérieux
élégance	homogéne	Nafilleufe
émaillure	hygromêtre	navigable
embrouilleroient	hypothéquer	naumachie
enchifrené	Impuisfance	nécesfité
engageantes	ingenieux	néphrétique
éparpiller	innocence	néréïdes
éraillure	islamisme	Obélisque
escarmouche	itératif	obéïsfant
etançonner	jaloufie	obligeamment
exigible	janisfaire	odieufe
exigeasfent	jarretière	ophthalmie
extinction	jouisfance	orgueilleufe
Facétieux	judaïque	oublieufe
fainéanter	judiciéux	oxygène

Paragraphe	Raboteuse	subjugueras
paraphernaux	racourcissant	synonyme
parcheminier	réchargeâmes	Taupinière
paroissienne	rectiligne	ténébreuse
paroxisme	récueillement	tranquillité
paysage	remouillâmes	typographe
périphrase	représailles	Ultramontain
philologue	rongemaille	usuraire
pirouette	Sacrilège	Véhémence
poésie	sanguinaire	vengeresse
poissonnaille	sanguinolent	ventriloque
portraiture	schismatique	victuailles
prévoyance	seigneurie	vigoureuse
Quarantième	signature	vingtièmement
quintessence	soupçonneuse	Zibeline
quotidien	subdélégué	

Mots de cinq syllabes.

Abbreviateur	chirurgicale	empoisonnement
abnégation	chronologique	encourageames
accélérateur	conciergerie	enfantillage
accompagnement	Damasquinure	énigmatique
acquisition	déchaperonner	enthousiasme
adolescence	dédicatoire	éphémérides
aggrégation	défrichassions	équarrissage
authenticité	depareillasient	extravagance
Baccalauréat	dysenterie	Falsificateur
bénéficence	Eblouissement	fascination
blasphématoire	effarouchassent	fayancerie
casualité	émancipation	ferrugineuse
champignonnière	embarrasseroient	flexibilité
chataigneraie	empoisonnement	hémorrhoïdes

hebdomadaire	Jouaillerie	Palpitation
héterogène	Lanugineufe	particularifer
hiérarchie	légitimité	pécuniaire
hiéroglyphique	lexicographe	pénitencieux
hydrographique	lithotomiste	préparatoire
idolâtrâtes	littérature	prestigiateur
imbécillité	longanimité	Quadragénaire
impartageable	luthéranisme	Rapiécetage
impraticable	Machicatoire	réjouisfance
imprécatoire	magicienne	répréhenfion
indivifible	magnanimité	Scintillation
incapacité	mahométisme	fexagénaire
incombustible	malédiction	fubfidiaire
indifférence	maléficié	fubftitueroient
indiscrétion	maquignonnage	fysthématique
inégalité	méconnoisfable	Taciturnité
inexorable	métallurgiste	térébenthine
inextinguible	métempfycofe	tergiverfateur
inexpugnable	mythologie	Univerfelle
inopinément	Numismatique	Vacillation
inftitutrice	Obéisfance	vermiculaire
israëlite	orbiculaire	

Mots de fix fyllabes.

Accommodation	avictuaïllement
accumulation	Bibliothécaire
adminiftratrice	Caractéristique
aliénation	cartilagineufe
antifcorbutique	cérémonieufe
apocalyptique	charlatanerie
approximation	compresfibilité
archiépiscopal	concaténation

Debarbouillaſſent
déménageaſſions
désobéiſſance
désobligeasſiez
diaphanéité
diaphorétique
diviſibilité
Ejaculatoire
encou ageaſſions
encyclopédie
enorgueilliſſions
épigrammatiste
évanouiſſ ment
excoriation
excommunieroient
expérimentale
Famuiariſer
fanfaronnerie
Garga ſſaſſions
généalogiste
glorification
gratification
gigantomachie
Homologation
hypocondriaque
Imagination

Impalpabilité
impoſſibilité
inaccommodable
indisciplinable
infaillibilité
interlinéaire
interrogatoire
Justificative
Malicieuſement
martyrologiste
mathématicien
Negociation
Pétrification
poliſſonneries
précipitation
préjudiciable
propiciatoire
purificatoire
puſillanimité
Réaſſignation
réconciliateur
Septentrionale
Transfiguration
Univerſalité
Valétudinaire

Mots de ſept ſyllabes

Antichristianisme
apothicairerie
Béatification
Coadjutorerie

conſciencieuſement
conſtitutionnaire
conſubſtantialité
Détérioration

discontinuation	incombustibilité
Eccléſiaſtiquement	Lapidification
Fidéïcommiſſaire	Naturaliſation
Immiſéricordieux	Réappréciation
impénétrabilité	récapitulation
indiviſibilité	réédification
impreſcriptibilité	Séculariſation

Mots de huit ſyllabes.

Aristodémocratique	incommenſurabilité
approviſionaſſions	incompréhenſibilité
Familiariſaſſions	irreconciliablement
Immiſéricordieuſe	irrepréhenſibilité

RAPPROCHEMENT

De quelques ſons, qu'il faut ſe garder de confondre.

Ache	chaîne	ces	ouï	lacer
âge	chienne	ſes	file	laſſer
biche	ſienne	c'eſt	fille	lacher
bige	chou	goſier	ville	loix
bêcher	joûte	gaucher	pillez	l'oie
baiſer	char	cocher	pilier	fraiche
baiſſer	jars	figer	piler	fraiſe
cache	chapeau	ficher	po'ſſon	franche
cage	chabot	fiſſiez	poiſon	frange
caſe	jabot	des heros	puiſſant	genou
caſſe	cinq	des zeros	puiſant	chez nous
chaiſe	ceint	des hêtres	leçon	ſonger
ſiege	fain	des êtres	laiſſons	joncher
chére	fein	j'ai eu	les ſons	chardon
chaire	ſaint	des œufs	laid	jargon
chêne	ſeing	oui	lait	juger

jucher	dechirer	gai	le hâle	plû
manchon	chofe	geai	haute	plu
mangeons	j'ofe	guet	hôte	prix
menage	chiffre	gelé	botte	pris
manège	givre	je l'ai	pêcheur	préfent
menace	giron	gens	pecheur	presfant
n'est	chiron	Jean	fûr	croifant
naît	fomme	grace	fur	croisfant
net	pfeaume	grasfe	là	tyran
ouvre	chomme	graisfe	la	tirant
oeuvre	chaûme	Grèce	où	vous ufiez
feuil	beauté	grand'mère	ou	vous eusfiez
feul	botté	grammaire	crû	valoir
fiphon	tache	gueres	cru	faloir
chiffon	tàche	guerre	crud	&c. (*)
defirer	gué	la halle		

Il y a plufieurs mots où le qu fe prononce kw, voici ceux qui fe préfentent le plus fouvent:

Aquatique	Quadragénaire
Equateur	quadragéfimal
équation	quadrangulaire
équeftre	quadrature
équiangle	quadrupède
équilatéral	quadruple
équitation	questeur

(*) On fe contente d'indiquer ces mots, laisfant aux maîtrès le foin d'en faire fentir, à leurs disciples, la vraie prononciation et d'en former des phrafes pour en faire voir la fignification à ceux qui font plus avancés.

Phrafes pour la prononciation de l'e muêt, de la terminaifon des troifièmes perfonnes *ent*, *oient*, des confonnes finales quand le mot fuivant commence par une voyelle, &c.

Je ne me le rappelle pas.

Que ne me le répétes tu?

Ne te le demande-t-elle pas?

Ce ne fera ni ce foir ni demain.

Tu ne te le feras pas dire, fi ce que je te prédis ne-t-y arrive point.

Ne feroit-ce que parce que je te le dis?

Les animaux vivent, mangent, boivent, courent, croiffent et meurent.

Les oifeaux volent, chantent, pondent et couvent leurs oeufs.

Les poiffons ne courent ni ne volent; mais ils nagent, ils vivent dans l'eau.

Les infectes rampent, courent, volent, nagent et pondent des oeufs.

Les amphibies nagent et courent, ils vivent dans l'eau et hors de l'eau.

Les reptiles n'ont ni des pieds comme les animaux; ni des aîles comme les oifeaux; ni des nageoires comme les poiffons: ils ne courent, ni ne volent, ni ne nagent; ils rampent.

Les arbres ne rampent ni ne nagent, ni ne volent ni ne courent; mais ils croiffent et grandiffent et portent des feuilles; ils restent toujours attachés au même endroit.

Cet enfant lifoit, écrivoit et chiffroit à merveille.

Sa conduite plaifoit à fes parens qui aimoient et récompenfoient tous les enfans qui fe conduifoient fagement.

Ce marchand achetoit, vendoit, rachetoit et revendoit et gagnoit toujours.

Ces écoliers apprenoient asfez bien ; ils étudioient et fe récréoient tour à tour.

Ils étoient heureux ; car ils dansoient, chantoient et rioient du matin au foir.

Pourquoi donc ces enfans étoient ils fi contens ? c'est qu'ils ne fongeoient jamais à jouer, qu'après avoir fait leur ouvrage.

Ces hommes n'étoient pas à leur aife ; ils ne fe portoient pas bien ; ils ne mangeoient, ne buvoient, ni ne parloient ; ils ne favoient ce qu'ils vouloient.

Un homme habile en ces affaires s'y prendroit d'une autre façon.

Ne le leur ai-je pas dit ? je favois qu'ils iroient et reviendroient et fe tourmenteroient envain.

Je voudrois qu'ils s'arrangeasfent et ne négligeasfent pas leurs affaires.

Il faudroit qu'ils s'avançasfent et ne nous menaçasfent pas de loin.

Agisfez avec eux comme ils en ont agi avec vous.

Effacez en deux ou trois et laisfez en cinq ou fix.

Lifez ou écrivez ou jouez enfin ; au moins occupez vous.

Fuyez avec foin les enfans adonnés au menfonge.

Parlez avec fincérité ; mais furtout apprenez à refléchir avant que de parler.

Celui qui dit un menfonge ne fait ce qu'il entreprend ; il faudra peut-être qu'il en invente une infinité, pour foutenir celui qu'il vient de dire.

Je fuis asfez jeune encore ; il y a peu d'années

que j'étois encore au berceau ; je ne pouvois ni marcher ni parler.

Maintenant je marche et je parle ; mais il y a bien des chofes que je ne fais pas encore.

Mes parens ont eu grand foin de moi ; ils me pourvoient tous les jours de tout ce qu'il me faut.

J'ai befoin de nourriture et ils me nourrisfent.

J'ai befoin d'habits et ils m'en donnent.

Il me faut un logement et ils me logent.

J'ai befoin d'inftruction et ils m'inftruifent et me fónt inftruire.

Combien ne dois-je pas à mes parens ! Que ferai-je pour m'acquitter de ce que je leur dois ?

Je les aimerai, je leur obéirai, j'apprendrai avec application.

Un bon enfant doit faire tout ce que fes parens veulent qu'il fafse ; car les parens favent mieux ce qui nous est utile ou nuifible que nous mêmes.

Nos parens veillent fur nous, travaillent pour nous et ont foin de nous.

Tous les hommes travaillent les uns pour les autres.

Les maçons et les Charpentiers nous conftruifent des maifons.

Les ménuifiers et les tourneurs font des meubles.

Les tailleurs nous font des habits.

Les laboureurs fèment le blé.

Les meuniers en font de la farine.

Les boulangers en font du pain.

Les bouchers nous procurent de la viande.

Les petits enfans ne travaillent point ; il faut qu'ils apprennent, et s'ils apprennent bien, ils pourront ausfi travailler pour les autres quand ils feront devenus grands.

Celui qui n'a pas appris à faire quelque chofe

pour un autre ne mérite pas qu'un autre fasse quelque chose pour lui.

Le paresseux ne vit pas content et le méchant n'a point de repos.

Ils est bon qu'il y ait des écoles, on y apprend de bonnes choses.

A l'école on inftruit les enfans; ils y apprennent à lire, à écrire et à chiffrer.

Les enfans qui ne peuvent point aller à l'école font bien malheureux, et ceux qui n'y veulent pas aller font bien méchans.

Les urs et les autres n'apprendront rien, et quand ils feront devenus grands, ils ne fauront ni lire, ni écrire; à quoi feront ils bons? perfonne ne pourra les employer; ils feront bien à plaindre.

FABLES et CONTES.

I.

Le Serin et le moineau.

Un enfant avoit reçu de fon père un ferin qui chantoit à merveille.

Peu de tems après cet enfant atrappa un moineau.

Ce moineau ne chantoit point; il ne faifoit que crier pi, pi, pendant toute la journée.

Il faut, dit l'enfant, que je le mette tout près de mon ferin; peut-être aprendra-t-il alors à chanter auffi.

Il le fit; mais le moineau, bien loin d'aprendre à chanter, gâta le chant du ferin et tous deux ne faifoient bientôt que crier pi, pi, du matin au foir.

„ Les bons enfans doivent éviter la compagnie „ des méchans ; car bien loin de corriger ceux- „ ci, il y a dix contre un à parier, qu’ils feront „ corrompus eux-mêmes.

2.

L’Enfant et le miroir.

Un autre enfant, tout jeune encore et qui avoit été élevé dans un pauvre village, vit un jour qu’il vint dans la maifon de fa mère, un grand miroir.

Il s’arrête, il y voit une figure comme la fienne, il ne fait ce que c’est ; il avance, il recule, la figure en fait autant, il regarde derrière le miroir et ne voit plus rien.

Le voilà de nouveau devant la glace ; il montre le poing à l’enfant qu’il y voit, celui ci en fait autant, il fe fâche et veut le battre ; mais la glace arrête fa main.

La mère vient fur ces entrefaites ; il fe plaint et dit, que le méchant que voilà veut le battre.

Non, dit la mère, c’est toi qui as commencé ; tiens, tends lui la main, il te tendra la fienne. Tu fouris, maintenant, le voilà qui fourit auffi.

„ C’est l’emblême de ce qui arrive dans la fo- „ cieté ; fi nous faifons du bien aux autres, ils „ nous en font ; fi nous leur faifons du mal, ils „ tâcheront de nous en faire.

3.

Le Sanglier et le Renard.

Le Sanglier étoit occupé à aiguiſer ſes défenſes contre le tronc d'un arbre, quand le Renard, qui paſſoit par là, lui dit: pourquoi ces préparatifs de guerre lorſqu'il n'y a point d'ennemi aux environs? Il ſe peut qu'il n'y en ait point, dit le Sanglier; mais vous ſavez, maître Renard, que pendant la paix il faut ſe préparer à la guerre; car au moment du danger on pourroit bien n'en avoir pas le tems.

„ En toutes choſes il faut voir en avant, et „ prendre garde de n'être jamais pris au dé- „ pourvû.

4.

Les deux Livres.

Deux livres habitoient enſemble, côte à côte, ſur une planche. L'un étoit neuf, relié en maroquin et bien doré ſur tranche, l'autre étoit couvert d'un vieux parchemin et presque rongé des vers.

Le livre neuf, tout fier de ſa parure, s'écrioit: Que-l-on m'ôte d'ici! Oh! comme il ſent mauvais! Compère! lui dit le vieux livre, un peu moins de dédain; peut-être pourroit on vous valoir. Tais-toi, répondit le premier, on voit bien à ton habit, que tu ne vaux pas la peine qu'on te regarde.

Sur ces entrefaites vient un homme de lettres. Il demande à voir des livres. On lui en montre.

A l'aspect du livre neuf, oh, la pauvre marchandise! s'écria-t-il, que faites vous de ce mauvais poéte? C'est bien du maroquin perdu.

Le vieux livre tombe entre ses mains; c'étoit un auteur rare et estimable, l'homme de lettres l'admire et l'achete.

„ Le fat et le petit maître rougisfent d'être à
„ coté du fage mal vêtu. Cependant l'un est un
„ homme, tandis que l'autre n'est fouvent qu'un
„ habit.”

5.

L'Homme, le Chat, le Chien, le Cheval et la Mouche.

Presfés par la nécesfité, les animaux vinrent un jour offrir leurs fervices à l'homme Tant que chacun d'eux n'avoit reeherché que fon bien particulier, ils n'avoient vécu qu'avec peine.

Mille foins, mille frayeurs troubloient leur vie malheureufe ; ils trouvoient un jour à manger et le jour fuivant ils mouroient de faim. Ils virent enfin, que la vie fociale pouvoit feule leur procurer une nourriture asfurée, et qu'un échange de travaux etoit le moyen que l'homme employoit, pour fatisfaire à fes divers befoins Le chat maigre et foible, à demi-mort de faim, demanda le premier audience.

Parlez, dit l'homme, quels fervices me rendrez-vous pour la nourriture que je vous donnerai?

Mes dents et mes griffes, vous ferviront útilement, je détruirai les fouris et les rats qui gâtent vos meubles, et mangent vos provifions.

Fort bien, dit l'homme, je vous retiens à mon

fervice : et vous maître Mouflar que favez vous faire?

Pour moi, dit le chien, je fuis en état de vous rendre de fort bons offices ; j'écarterai les voleurs; je veillerai fur la maifon pendant la nuit; je vous défendrai quand on vous attaquera; je garderai vos troupeaux; j'irai à la chasfe avec vous, enfin je vous ferai fidéle et je ne vous abandonnerai jamais.

Fort bien, fort bien, dit l'homme, vous ferez mon ami et mon camarade, je vous retiens ausfi; tenez parole, et vous ne manquerez de rien avec moi.

En ce cas là, dit le cheval, je vous offre ausfi mes fervices ; je puis vous transporter partout avec une extrême vitesfe ; je puis trainer ou porter des fardeaux pefans; voyez fi je vous conviens ; je ne demande pour falaire qu'un azyle pendant l'hyver, et du foin ou de l'avoine pour toute nourriture.

Vous pouvez être d'une grande utilité, répond l'homme, j'accepte vos offres ; vous ferez bien nourri et bien logé.

La mouche la-desfus vient ausfi bourdonner à fes oreilles, et vous, lui dit l'homme, quels fervices peut-on attendre de vous?

De moi? dit l'infecte ailé. Je penfois que vous connoisfiez mieux ma naisfance; je fuis gentilhomme, je ne travaille pas, je ne vis que pour mon plaifir.

Ote toi donc de cette pêche, dit l'homme, un oifif ne la mérite pas; c'est à celui qui a préparé la terre et planté l'arbre à manger le fruit. Va-t-en chercher ta nourriture fur le fumier.

La mouche veut repliquer ; mais l'homme l'é-
crafe d'un feul coup.

„ Les Hommes réunis en focieté doivent tous
„ travailler pour le bien public, aucun n'est fait
„ pour l'oifiveté.

6.

Le lièvre et fes amis.

Un lièvre vivoit d'accord avec les animaux fes
compatriotes. Connu de tous, n'en ayant jamais
offenfé aucun et les aimant de bon cœur, il s'en
croyoit aimé, ainfi qu'ils le lui avoient dit cent
fois.

Un jour, forti de grand matin pour brouter le
thym couvert de rofée, il entend le bruit des
chaffeurs. Il fuit le fon du cor, gagne au large,
s'arrête, halète, prête l'oreille et entend la mort
s'approcher. Il rufe pour tromper les chiens,
confidère le circuit qu'il a fait et court encore à
perte d'haleine. Enfin tombant dans le grand chemin, il y reste à demi-mort de frayeur et d'épui-
fement. Mais quelle joye quand il apperçoit le
cheval qui vient à lui!

Permettez moi, lui dit il, de monter fur votre
dos. Que j'aye le plaifir de devoir la vie à mon
plus cher ami : vous favez que les chiens me fui-
vent à la piste, que mes pas me trahiffent et
puis tout fardeau est leger quand on le porte
pour un ami.

Mon cher enfant, lui dit le cheval, je fuis au
défespoir de te voir dans cet état ; mais prends

courage, le secours est proche, tous tes amis sont derrière moi.

Le pauvre lièvre s'adresse au taureau; celui-ci répond : tous nos amis vous attesteront que je vous veux sincèrement du bien, je puis donc en agir librement avec vous ; j'ai des affaires pressantes et ne puis vous servir cette fois; mais voyez... voilà le bouc qui vient.

Celui-ci observa l'agitation du pouls du lièvre, sa tête languissante, ses yeux éteints; la froideur de mon dos, dit-il, pourroit vous faire mal. La laine est chaude, voilà la brebis.

La brebis dit qu'elle étoit foible et se plaignit du poids de sa laine. Je suis lente, ajouta-t-elle; de plus très peureuse, je vous l'avoue; les chiens mangent les brebis tout comme les lièvres.

Un veau trottoit derrière les autres; la bête poursuivie s'adresse à lui, le supplie de garantir de la mort un ami malheureux.

Moi, répond-il, dans un âge si tendre, m'engagerois-je dans cette entreprise ? Des animaux plus vieux, plus habiles ont passé auprès de vous, ils sont tous forts et moi je suis foible.

Si je tentois de vous emporter ils pourroient s'en tenir offensés.

Excusez-moi donc, vous savez quel est le fond de mon cœur; mais les meilleurs amis, hélas! sont obligés de se quitter. Ah! que nous allons tous vous pleurer! Adieu! j'entends le cor et voilà la meûte.

„ Ceux qui ont beaucoup d'amis en ont rare-
„ ment un véritable. La prospérité donne des amis
„ et l'adversité les met à l'épreuve."

7.

La servante, le tourne-broche et le boeuf.

Où donc, s'écrioit une servante, où donc est ce vilain tourne broche ? Il faut que je serve à deux heures et si je ne l'attrape, le roti se gâtera et j'en aurai la faute.

En disant cela, elle sort de la cuisine, prend un manche à balai et poursuit le chien ; mais celui-ci s'enfuit de plus vite ; elle lui parle tour à tour avec douceur et menaces ; le tout en vain ; Laridon court toujours en hurlant de peur.

Fut-il jamais, s'écrie-t-il, un chien aussi malheureux ? Quelle étoile m'a donc vu naître ? faudra-t-il tourner cette maudite roue tant que je vivrai ? l'indigne tâche ! Dans toute ma famille, dans toute ma race il n'y a point d'esclave comme moi. Si j'étois né d'une autre espèce j'aurois vécu dans l'indolence et dans l'oisiveté, fêté, caressé comme tous les autres bichons; ou si j'étois lévrier, je partagerois le plaisir de la chasse avec les hommes. Si j'étois né du lion je ne craindrois personne et je serois parfaitement indépendant; ou plutôt pourquoi ne suis-je pas homme ? c'est alors que je serois heureux.

Par hazard un boeuf entendit ses plaintes et réprimanda ainsi ce paresseux: Oses-tu bien accuser le destin de partialité ? Ton sort n'est il pas infiniment plus doux que le mien ? Je suis condamné au travail dès ma première enfance ; je traine pendant des journées entieres la charruë ou le chariot; enfin on me tue et peut-être tu tourneras un jour la broche, tandis qu'on y rôtira ma chair et qu'on te donnera mes os à ronger pour prix de tes peines.

Le chien répond : jusqu'à préfent j'avois tout vu d'un oeil envieux ; que nous jugeons fausfement fur les apparences ! Toutes les créatures ont leurs fardeaux et leurs douleurs, à ce qu'il paroît ; et fi ce puisfant animal fe plaint, l'homme éprouve peut-être de plus grandes peines. Faifons taire notre envie, penfons au boeuf et vivons contens.

Il dit, rentre à la cuifine et monte avec joye dans la roue.

„ Notre condition ne nous paroît fi mauvaife,
„ que parceque nous avons la manie de la com-
„ parer avec d'autres, qui nous femblent meil-
„ leures ; le font elles ? non ; mais nous les ju-
„ geons telles, parceque nous ne faifons atten-
„ tion qu'aux avantages de ces états, que nous
„ comparons enfuite fubtilement avec les désavan-
„ tages du nô re. Le beau fecret pour fe croire
„ malheureux !

„ Soyons juftes ! ne perdons pas de vue les a-
„ vantages de notre condition et nous verrons que
„ nous avons tous lieu d'être contens.

8.

L'or ne guérit pas de la faim.

Pythias, Gouverneur d'une ville de Lydie, étoit un homme riche et avare, qui faifoit creufer des mines dans tout le pays, de maniere qu'il ne restoit presque plus de terres pour labourer. Sa femme lui fit fentir par un ftratagême adroit,

l'extravagance d'une telle conduite. Pendant l'abfence de fon mari elle fit faire une table d'or,
ainfi que tous les vafes qui fervent à la table :
elle fit de même repréfenter en or la figure des
mets que fon mari aimoit le plus. Lorsqu'il fut
de retour, on mit devant lui, à l'heure du repas,
la table et les vafes d'or. Ce fpectacle le rejouit
d'abord ; mais la faim commençant à le preffer,
il ordonna qu'on fervît. On lui apporta les mets
d'or fabriqués en fon abfence. Pythias commença
à s'ennuyer de ce jeu et tout en colère, demanda
quelque chofe à manger. ,, Ne voyez vous pas,
lui dit alors fa femme, que l'or ne nourrit pas?
Vous ne fongez qu'à tirer de l'or du fein de la
terre, au lieu d'en tirer les fruits néceffaires à la
vie. Vous ruinez l'agriculture, et tous vos fujets
mourront bientôt de faim, fi vous continuez.''

Pythias profita de cette leçon et changea de
conduite.

9.

Bel exemple de justice d'un Vifir turc.

Un marchand turc avoit perdu dans les rues fa
bourfe qui contenoit deux cens pièces d'or. Il
s'adreffa au crieur public, et lui ordonna de dé-
clarer qu'il donneroit la moitié de la fomme à celui qui l'auroit trouvée.

Elle étoit tombée entre les mains d'un matelot
qui aima mieux faire un gain légitime, que de fe
rendre coupable d'un vol, en gardant le tout. Il
confeffe donc au crieur, qu'il a trouvé la bourfe
et s'offre à la rendre en recevant la moitié. Le
marchand paroît auffi-tôt ; mais charmé de retrou-

C 2

ver fon argent, il auroit voulu fe dégager de fa
promeffe. Il eut recours au menfonge et préten-
dit, qu'avec les deux cens pièces d'or, il y avoit
dans la bourfe une précieufe émeraude, qu'il re-
demande au matelot. Celui-ci prend le ciel et le
prophète à temoins qu'il n'a point trouvé d'émeraude. Cependant il est conduit devant le Cädi
avec une accufation du vol. Soit injustice, foit
négligence, le juge déchargea le matelot du crime
de vol; mais lui reprochant d'avoir perdu par fa
faute un bijou précieux, il le força de rendre les
deux cens pièces d'or au marchand, fans en tirer
aucune récompenfe. Une pareille fentence ruinant
tout-à-la fois l'espérance et l'honneur du pauvre
matelot, il en porta fa plainte au Vifir.

Toutes les parties furent affignées devant lui.
Après avoir entendu le marchand, il demande au
crieur, ce qu'il avoit reçu ordre de publier. Celui-ci déclara ingénûment qu'on ne lui avoit parlé
que de deux cens pièces d'or. Le matelot fit
ferment, qu'il n'avoit trouvé dans la bourfe que
les deux cens pièces d'or. Enfin, le Vifir porta
cette fentence: Puisque le marchand a perdu une
émeraude, il est manifeste que la bourfe et l'or
que le matelot a trouvés ne font point ce que le
marchand a perdu; c'est un autre qui a fait cette
perte. Que le marchand continue donc à faire
crier fon or et fon éméraude, jusqu'à ce qu'ils
lui foient rapportés par quelque perfonne qui ait
la crainte de Dieu.

A l'égard du matelot, il gardera, pendant qua-
rante jours, l'or qu'il a trouvé, et fi celui qui l'a
perdu ne fe préfente point dans cet espace de
tems, il en jouira légitimement, comme d'un bien

qui lui est dû. — Cet exemple singulier de justice est arrivé au commencement du siècle passé.

10.

Le trompeur qui se trahit soi même.

Un marchand chrétien ayant confié à un chamelier turc un certain nombre de balots de soie, pour les transporter d’Alep à Constantinople, se mit en chemin avec lui; mais au milieu de la route, il tomba malade, et ne put suivre la caravane, qui arriva longtems avant lui. Le chamelier ne voyant point venir son homme au bout de quelques semaines, s’imagina qu’il étoit mort, vendit les soies et changea de profession.

Le marchand chrétien arriva enfin, le trouva, après avoir perdu bien du tems à le chercher et lui demanda ses marchandises. Le fourbe feignit de ne pas le connoître, et nia d’avoir jamais été chamelier. Le Cadi devant lequel cette affaire fut portée, dit au chrétien: Que demandes-tu? vingt balles de soie, répondit-il, que j’ai remises à cet homme.

Que réponds-tu à cela? dit le Cadi au chamelier. Je ne sais ce qu’il veut dire avec ses balles de soie et ses chameaux; je ne l’ai jamais vu ni connu, et je jure de n’avoir jamais été chamelier, répondit celui-ci. Alors le Cadi se tournant vers le chrétien, lui demande quelle preuve il pourroit donner de ce qu’il avançoit; le marchand ne put que dire, que sa maladie l’avoit empêché de suivre le Chamelier et la caravane. La dessus le Cadi leur dit, à tous deux, qu’il lui falloit de

meilleures preuves pour prononcer: ayant dit cela
il leur tourna le dos et pendant qu'ils fortoient en-
femble, il fe mit à une fenêtre et cria asfez haut:
„ Chamelier, un mot!" Le Turc ausfi-tôt tourna
la tête, fans fonger qu'il venoit d'abjurer cette
profesfion. _ Alors le Cadi lui fit donner la bastonna-
de et le condamna à payer au chrétien fa foie et
de plus une amende confiderable pour le faux ferment, qu'il avoit fait.

HISTOIRE

DE

HENRI WILKINS.

1.

Henri Wilkins, fils unique d'un riche marchand
de Dublin, devint la douleur de fes parens et la
honte de fa famille par fon étourderie et fa dés-
obéisfance; comme vous allez le voir par l'histoire
fuivante. Puisfe ce récit fervir à vous détourner
du mal et à vous faire voir combien un enfant peut
fe rendre malheureux en méprifant les leçons et
les bons avis de ceux qui ont foin de fon éducation et n'envifagent que ce qui lui est falutaire.

2.

Passons fous filence les premières années de fa
vie, qui n'offrent rien de fort remarquable et
commençons fon histoire par fa dixième année.
Ce fut alors qu'il eut le malheur de perdre fa-

mère. Son père, connoisfant l'humeur et le caractère de Henri et fachant combien les foins de fa tendre époufe avoient contribué à le tenir en bride, fe vit obligé de le placer, dans une penfion, d'autant plus que fes affaires l'empêchoient de veiller lui-même à l'éducation de fon fils.

Henri partit donc pour fa penfion, mais quoiqu'il y trouvât un précepteur très-habile et très-foigneux, il ne profita guére de l'inftruction de celui-ci; car il étoit inattentif, oublieux et craignoit la peine. S'il avoit une tâche à faire il commençoit toujours le plus tard posfible; puis il tâchait de l'expédier au plus vite; mais par là il s'en acquittoit fi mal qu'il étoit obligé de la refaire, pendant le tems que les autres disciples fe récréoient, et la punition fuivoit fouvent fa négligence.

3.

Le maître voyant que ce disciple ne lui feroit pas honneur et que tous fes efforts feroient vains, pria le père de le reprendre; car, dit il, vous employez votre argent en pure perte.

On conçoit facilement combien cette nouvelle fut défagréable au père. Cependant il efpéroit encore que le tems et fes foins pourroient corriger fon fils; il le prit donc chez lui et lui procura des maîtres dans la maifon.

Tous les foirs, après avoir achevé fes affaires, le père faifoit venir Henri devant lui et lui demandoit compte de fon tems. S'il trouvoit que fon fils avoit utilement employé la journée, il le recompenfoit. — Si non il le punisfoit comme il l'avoit mérité; c'eft ce qui auroit dû le rendre

appliqué et attentif, mais, hélas! le père se voyoit presque toujours forcé de le punir et n'avoit
que rarement le plaifir de le récompenfer, de façon que Henri menoit une vie très malheureufe.

4.

Un jour il fe dit à lui-même : ah! malheureux que
je fuis! Tous les jours corrections nouvelles, châti-
mens nouveaux; jamais je ne puis en agir à ma
tête. Je ne veux plus fupporter ces tourmens et
cette gêne; mais j'y fais remède. — Je quitterai la
maifon à la première occafion que j'en trouverai.

Pour fon malheur cette occafion fe préfenta dès
le lendemain. Son père ayant reçu avis de la mort
d'un frère, qui demeuroit dans la partie fepten-
trionale de l'Irlande, il prit congé de fon fils en lui
recommandant de fe bien conduire pendant fon abfence, lui remit 200 guinées (environ *f* 2200) pour
les remettre à un marchand de la même ville et
partit pour Londonderry.

5.

Henri voyant fon père parti, fit accroire au premier commis qu'il alloit porter l'argent à fon adresfe; mais il partit immédiatement, par la diligence,
pour Wicklow, ville à fix lieues au fud de Dublin,
puis pour Wexford à 11 lieues de là, s'embarqua,
paffa en Angleterre et arriva bien-tôt à Bristol.

6.

Le père, comme nous l'avons dit, s'étoit mis
en voyage le même jour qu'il avoit remis l'ar-

gent à son fils. Le premier commis, ne voyant pas revenir celui-ci au soir, fit le lendemain à la vérité, quelques perquisitions, mais sans fruit, et ne pouvant quitter le comptoir et la maison pendant l'absence de son maître, le père n'apprit que peu avant son retour l'évasion de son fils, sans cela il se fut certainement mis à sa poursuite : mais, maintenant il étoit trop tard ; quoiqu'il se donnât encore beaucoup de peines inutiles pour le retrouver. C'est ce qui l'affligea beaucoup, et le brave homme fut très inquiet sur le sort de son fils rebelle et désobéissant. — Depuis ce tems il n'y eut plus pour lui de joie dans la vie ; car malgré la mauvaise conduite et l'ingratitude de son fils, il l'aimoit tendrement, comme tous les pères et toutes les mères aiment leurs enfans, quoique souvent ces derniers ne le méritent guères. Quant à Henri, il ne pensoit plus du tout à son père ; il avoit atteint l'âge de 17 ans et se crut assez sage pour se gouverner. Nous allons voir ce qui en étoit.

7.

Bristol, où nous avons dit que Henri arriva, est une ville très belle et très marchande sur l'Avon rivière qui se jette dans le golfe de Bristol ; après Londres et Yorc, c'est peut-être la ville la plus riche et la plus grande de l'Angleterre. Aussitôt après son arrivée, Henri fut se loger dans une des principales hôtelleries, sans savoir proprement lui-même ce qu'il feroit après cela, ou de quel côté il tourneroit ses pas.

Dans la même auberge se trouvoit par hazard une de ces personnes qui n'ayant point de métier, ni

C 5

la moindre envie de travailler, s'appliquent à duper les gens sans expérience et à vivre aux dépens d'autrui.

Ce chevalier d'industrie, nommé Morton, vit le jeune déserteur et se dit à lui-même : comment! un jeune homme de cet âge, tout seul et pourvû de tant d'argent, car Henri n'avoit pas eu la prudence de le tenir caché, certainement c'est quelqu'un qui a quitté furtivement la maison de son père ou de ses tuteurs en les volant à compte de son héritage. Bravo! c'est du gibier que la fortune m'envoye; tâchons de profiter de l'occasion.

8.

Là-dessus il fit connoissance avec Henri et lui parla ainsi :

Monsieur logera-t-il ici cette nuit?

H. Oui monsieur, c'est mon intention. J'espère qu'on y est bien?

M. A vous dire la vérité, je n'en fais rien. Je ne fais que d'arriver pour affaires de commerce et je compte repartir pour Londres dès demain; mais soyez sur vos gardes; je vois que vous avez de l'argent sur vous. Les chemins sont dangereux à cause des voleurs, et 1 on n'est par sûr même dans toutes les hôtelleries. Moi même j'ai une assez grande somme dans ma malle; si vous voulez, nous prendrons une chambre en commun; deux hommes peuvent toujours mieux se défendre en cas de danger qu'un seul; d'ailleurs on voit bien que vous êtes un jeune homme de qualité, qui ne voyage

que pour fon plaifir, et il n'en faut pas d'avantage
pour attirer les voleurs.

H. Voilà qui est très bien avifé, et très obligeant
de votre part: fi je ne vous incommode pas je
veux bien vous tenir compagnie jusqu'à Londres; car j'ai envie de voir la capitale, et je ne
voyage que pour mon plaifir, comme vous l'avez
bien deviné. —

9.

La partie étant ainfi faite, Henri, qui ne foup-
çonnoit rien, fe mit gaiement à fouper avec ce
nouveau compagnon de voyage. Morton mit a-
droitement dans le verre du jeune homme, quelques gouttes d'un foporifique, c'est à dire, d'une
liqueur qui asfoupit et fait dormir profondément,
et peu après ils fe couchèrent.

Le lendemain Morton fe leva de grand matin,
s'empara de la bourfe de Henri, de quelque argenterie de l'hôte et s'esquiva. Henri cependant
ne s'éveillant pas, l'hôte qui commençoit à foup-
çonner quelque chofe, vint enfin le réveiller à dix
heures ; mais quelle fut fa furprife lorsqu'il ne
trouva ni fon argent, ni fon compagnon de
voyage !

10.

Que faire maintenant, fans argent, fans res-
fource, dans une ville où il ne connoît perfonne ; n'ayant pas même de quoi payer l'hôte ! que
dis-je ! hors d'état d'acheter feulement un mor-
ceau de pain quand la faim le prendra ! oh ! qu'il

voudroit de tout son coeur rétourner chez son père, et se soumettre au châtiment que celui-ci pourroit lui faire subir ; mais il n'a pas le sou pour faire le voyage ; il va être chassé de la maison où il se trouve et sera obligé de mendier son pain.

Oh ! s'écria-t-il, après avoir fait toutes ces réflexions, insensé que j'étois de quitter la maison paternelle et de voler mon père ! Je vois bien à présent que l'argent volé porte malheur ; car il m'a jetté dans le plus cruel embarras et puis s'en est allé comme il étoit venu. — Pour comble de malheur je n'ose pas même m'en plaindre, ni faire poursuivre le perfide Morton.

Que répondrois-je en effet, si l-on me demandoit : où avez vous pris cet argent ? — Ne ferois-je pas découvert moi-même et puni comme voleur, d'autant plus que cette somme n'étoit plus à mon père ; mais au marchand à qui j'avois ordre de la remettre.

II.

Laissons pour un moment le malheureux jeune homme livré à ses réflexions et voyons ce que devint Morton. Au lieu de partir pour Londres, il avoit passé en Irlande, dans un vaisseau dont il s'étoit déjà informé la veille et qui étoit tout prêt à mettre en mer. Ayant pris terre à Dublin, il fut vendre, au premier orfèvre, l'argenterie qu'il avoit volée à Bristol, et s'adressa sans le savoir au frère même de l'hôte. Celui-ci la reconnut dabord ; car depuis peu il en avoit fait présent, à son frère, à l'occasion du ma-

riage de celui-ci. Cet orfèvre fuivit adroitement
Morton, et puis le fit arrêter comme une perfonne fuspecte.

Or le juge de paix devant lequel Morton fut
conduit, étoit le père de notre Henri. — Il exa-
mina les effets du voleur et reconnut le fac que
fon fils avoit emporté et où fe trouvoit fon ca-
chet. Peu après Morton fut puni comme il le
méritoit.

12.

Henri cependant, après avoir bien pefé le pour
et le contre, prit le parti de s'esquiver tout dou-
cement fans payer, en difant qu'il reviendroit fur
le midi, et qu'en attendant le diné, il alloit faire
un tour par la ville. Alors, fe dit il, je me ferai enrôler comme matelot.

De toutes les refolutions qu'il auroit pu prendre, celle-là étoit fans doute la plus extravagan-
te. Non qu'il ne foit fort honorable de fervir la
patrie fur mer; mais un jeune homme qui a trouvé les corrections paternelles trop dures, comment
fouffrira-t-il la discipline militaire, bien plus rigou-
reufe encore. Qu'eufliez vous fait à fa place?
Il y avoit un parti fort fage et fort raifonnable
à prendre; mais il ne s'en avifa pas: voyons fi
vous vous en aviferez.

Il fortit donc, à desfein de ne pas revenir; mais
par malheur l'hôte decouvrit bientôt qu'on l'avoit
volé, il falloit que ce fut Morton ou Henri. Dâns
cette incertitude il les fit chercher tous deux. Le
premier étoit hors de fes atteintes; mais le fecond

5

fût bientôt trouvé, faifi et mis entre les mains de
la juftice.

13.

Le voilà donc tombé, comme on dit, de fiè-
vre, en chaud mal, et ce qu'il avoit inventé,
pour fe tirer d'embarras, l'avoit mis dans un plus
grand embarras encore ; il n'a pour demeure
qu'une prifon lugubre, pour couche une poignée
de paille humide, un foible crépuscule qui péné-
tre à travers la petite fenêtre grillée de fa prifon pour toute lumière, du pain fec pour toute
nouriture et les remords de fa confcience pour
toute converfation ; voilà l'état d'un jeune homme
qui n'a jamais manqué de rien et dont un père tendre et riche avoit toujours prévenu jusqu'aux moin-
dres befoins.

Sur de fimples foupçons on ne l'eût certainement pas traité avec tant de rigueur ; mais il y
avoit une circonftance très aggravante dans cette
affaire.

Preffé comme il étoit, Morton avoit laiffé tomber
dans l'appartement où il avoit couché avec Henri,
une petite cuillère d'argent.

Henri la trouva et, retenez bien ceci, celui
qui vole une fois, rétombe aifément dans la même
faute quand il en trouve l'occafion, dans l'embarras où il étoit, il s'en faifit et la mit fur lui.
Lorsqu'il fut arrêté on le fouilla, et quand on eut
trouvé la cuillère on ne douta plus du tout qu'il
n'eût auffi volé le reste, ou qu'au moins il ne fût
complice de Morton, qu'on ne pouvoit trouver.

C'est ainſi que le mal retourne presque toujours ſur celui qui le commet, et celui qui fait du mal, ſans être decouvert, ſe trouve animé par la prétendue impunité ; il continue à faire du mal, jusqu'à ce qu'enfin on le découvre et le puniſſe de tout à la fois.

14.

Morton ayant avoué qu'il avoit volé l'argenterie à un Hôte de Bristol et que le ſac et les guinées étoient d'un jeune voyageur qu'il avoit rencontré dans une hôtellerie de cette ville, le père de Henri apprit par ce moyen quelle route avoit pris ſon fils, et qu'il ſeroit probablement encore à Bristol.

Ce bon père partit dont incontinent pour cette ville, afin de rapporter à l'hôte ſes effets et de s'informer de ſon fils; ce ne fut qu'en y arrivant qu'il apprit que celui-ci étoit en priſon.

Après s'être fait inſtruire des circonſtances et des cauſes de ſon empriſonnement, il voulut le voir et lui parler ; mais n'ayant pu d'abord en obtenir la permiſſion, il lui écrivit la lettre ſuivante:

15.

Fils déſobéiſſant !

Tu ſeras ſurpris, peut-être, de reçevoir une lettre d'un père, que tu as ſi grièvement offenſé. Certainement tu mériterois que je t'abandonnaſſe à ton mauvais ſort. —— Il est vrai, tu n'a pas volé ce qu'on t'accuſe d'avoir pris ; mais tu m'as volé moi. Ne penſe pas que je parle de l'argent que tu as emporté; c'eſt beaucoup, ſans doute; mais tu as fait pis que cela. Tu m'as privé d'un fils dont j'avois droit d'eſpérer qu'il ſeroit un jour le ſoutien et la conſolation de ma vieilleſſe, en récompenſé de toutes les peines qu'il m'a couté, de tous les ſoins que j'ai pris de lui, des fraix de ſon éducation et de la tendre ſollicitude avec laquelle j'ai toujours pourvu à tous ſes beſoins! Rentre en toi-même, malheureux! réfléchis au tort que tu t'es fait. Tu t'es échappé de la maiſon paternelle... mais échapperas-tu auſſi, à ta conſcience qui t'accuſe et te reproche ta noire ingratitude? Peux tu échapper à l'Etre ſuprême qui punit les enfans déſobéïſſans? Non certainement, tu ne le ſaurois et les malheurs qui te ſont déjà arrivés et ceux qui t'attendent encore ſi tu ne reviens à ton devoir, doivent te prouver qu'un fils rebelle ne ſauroit être heureux, ni dans ce monde-ci, ni dans l'autre.

En attendant les années s'envolent ; tu n'es plus un enfant; mais un jeune homme, qui pourroit être utile à la ſociété, à quoi es tu bon? peux tu déjà gagner ta vie? ſaurois-tu te paſſer de mes ſoins?... mais que dis-je! je perds de vue la ſituation malheureuſe où tu te trouves; tu expies, tu déplores peut-être ton inconduite, dans une priſon dont j'aurai de la peine à te tirer. — Lis cette lettre et tandis que je ferai pour toi tout ce que je puis, prie l'Etre ſuprême qu'il béniſſe mes efforts; mais ſurtout prens une ferme réſolution de te corriger. Car ſans cela tu ne

peux manquér de tomber de malheur en malheur.
Ah! si tu pouvois voir et sentir combien je t'ai-
me encore malgré tout ce qui vient d'arriver!
et combien je souffre de ton malheur! Adieu!

16.

Henri lut cette lettre et l'arrosa de ses lar-
mes. Oui! s'écria-t-il à la fin, oui! père chéri!
j'ai mérité de perdre votre amour; j'ai méprisé
vos exhortations et ne suis plus digne que vous
vous intéressiez à mon sort; je vois bien à présent que, malgré votre dureté apparente, vous
m'aimiez toujours tendrement et m'aimez encore. — Ah! je le sens vivement; le fils qui pos-
séde encore son père ou sa mère est toujours
sûr de trouver un coeur qui s'intéresse à son
sort. Qui pourroit me pardonner et m'aimer encore, si ce n'étoit vous dont j'ai méconnu si long-
téms l'amitié et la tendresse et qui volez à mon
secours sur la première nouvelle de l'état où je me
trouve! Ah! si jamais j'ai le bonheur de vous
revoir et de vous embrasser en liberté, je fais
voeu d'employer tous mes efforts pour me corriger, pour vous prouver combien mon répentir
est sincére et pour dédommager votre coeur pa-
ternel de tout ce que ma pétulance et mon opi-
niâtreté vous ont fait souffrir.

17.

Ses voeux furent exaucés; le père prouva clai-
rement, que dans l'affaire de Morton son fils avoit

été plutôt malheureux que criminel, et Henri après avoir recouvré sa liberté tint parole et persévéra dans les bonnes résolutions qu'il avoit prises. Retourné dans la maison paternelle, il s'appliqua sérieusement à remplir ses devoirs. Enfin il devint la consolation et la joie de son père, vécut heureux et content, et mourut dans un âge très avancé, honoré et chéri de tous ceux qui l'avoient connu.

Puissent les enfans, qui liront cette histoire, comprendre et sentir que jamais les pères et les mères ne les punissent que pour leur bien, et toujours à contre-coeur. — Qu'un enfant qui trompe ses parens ne sauroit manquer de se rendre malheureux ; qu'il n'est point de meilleurs amis que nos pères et nos mères, qui s'intéressent à nous lorsque tout nous abandonne et qui se priveroient du necessaire plutôt que de nous laisser manquer de rien. Enfin, que Dieu, qui punit les enfans rebelles, chérit et bénit aussi ceux qui respectent les auteurs de leurs jours.

PIECES EN VERS.

Sentiment à la vue des oiseaux.

Que chantez-vous, petits oiseaux ?
Je vous regarde et vous écoute ;
C'est Dieu qui vous a faits si beaux ;
Vous le chantez sans doute.

——

Son nom vous anime en ces bois,
Vous n'en célébrez jamais d'autre ;
Faut-il que mon ingrate voix,
N'imite pas la vôtre ?

——

Vos airs si tendres et si doux
Lui rendent tous les jours hommage ;
Je le bénis bien moins que vous,
Et lui dois davantage.

——

L'espérance.

Tout ressent les douceurs de l'aimable espérance.
Un sort d'un autre sort attend la différence.
La nuit attend du jour l'admirable beauté ;
Le jour attend des nuits le répos souhaité.
L'hiver attend le tems où la rose boutonne.
Le Printems veut l'Eté, qui brûle pour l'Automne ;
Et l'Automne gémit, foulant ses vins pressés ;
Pour jouir dans l'Hiver de ses fruits amassés.

L'enfant fur la table.

Un enfant s'admiroit, placé fur une table.
,,Je fuis grand ,'' difoit-il. Quelqu'un lui répondit:
Descendez! vous ferez petit.

Quel est l'Enfant de cette fable?
Le riche qui s'enorgüeillit.

Le pauvre homme et le voleur.

Un pauvre homme apperçut dans fa chambre la nuit,
Un voleur qui croyoit trouver là quelque fomme,
Il fit un fi grand cri que le voleur s'enfuit,
Et laiffa fon manteau qui fervit au pauvre homme.

L'avare volé.

L'avare dans fon pré enterra fon tréfor :
On le vole. Ah! dit-il, je fuis à la beface!
Mettez, répond quelqu'un, une pierre à la place,
Elle vous fervira tout autant que votre or.

Le Boeuf et la vache.

Une vache railloit avec peu de juftice,
Un boeuf qu'à la charruë elle voyoit tirer:
Mais comme on la menoit un jour au facrifice,
Adieu, lui dit le boeuf, je m'en vais labourer.

Le Cheval et l'Ane.

Auprès d'un rouſſin d'Arcadie,
    Un fier courier de l'Arabie,
S'en vint caracoler et prendre ſes ébats:
Le beſoin de jaſer rapproche les états;
De l'âne qui cherchoit ſa miſérable vie,
    Bientôt il fait ſa compagnie.
Pour éviter plus ſûrement l'ennui,
Il parle, il parle, et c'est toujours de lui.
Avec leurs protégés, des puiſſans c'est l'uſage.
    Ce beau cheval fait étalage
De ſes ayeux, de ſon illuſtre nom;
Il vante ſon allure et ſon leste équipage,
L'herbe fine et les grains qu'on lui donne à foiſon,
Puis la commodité de ſa vaste maiſon.
Le baudet, qui, malgré l'opinion vulgaire,
A de la bonhommie et beaucoup de raiſon,
Lui répliqua ſans humeur, ſans colère:
Oſes-tu bien vanter richeſſe et grande chère
Devant un malheureux qui n'a que du chardon?
    C'est inſulter à ſa miſere:
Ou tu manques d'esprit, ou ton coeur n'est pas bon.

Le Loup à l'école.

Le loup naît, dit-on, carnaſſier;
Pour le faire changer de rôle
Chez le profeſſeur du quartier
On le mit tout jeune à l'école.
Là, ſon maître ſur ſon papier

Ecrivit en gros caracteres,
Non point l'alphabet tout entier,
Seulement les lettres premieres;
Mais au-lieu de lire A, B, C,
Comme le maître avoit tracé
Ces lettres fur fon exemplaire.
Notre vorace louveteau
Couramment et d'une voix claire.
Lut: *Agneau, Brebis,* et *Chevreau.*

Il faut céder à la nature,
L'inftinct peut plus que la culture.

Le Soc et l'Epée.

Dans un champ ifolé, réfuge de la paix,
A l'abri de tous les forfaits
Du fleau destructeur qui ravage la terre,
A l'abri des horreurs de l'homicide guerre,
Se trouvoit par hazard un glaive étincelant,
De fang humain encor tout' ruisfelant:
On trembloit à fa feule vue
Plus loin s'offroit aux yeux ce fer fi bienfaifant.
Le foc, cet utile inftrument
Qui s'asfocie à la charrue.
D'un accent foldatesque, et d'un air infolent,
L'épée infulte à toute outrance
L'honnête foc, qui gardoit le filence:
Nul ne reçoit l'outrage impunément.
A la fin, perdant patience,
Il répond au brutal, avec tranquillité:
D'où vous viendroit tant de fierté?

Allez fervir la barbarie,
Complice de tant d'asfasfins;
Je crois entre nous deux la distance etablie;
Je coniribue à nourrir les humains
Et vous, cruel, et vous, vous leur ôtez la vie. —

Le danfeur de corde et le balancier.

Sur la corde tendu un jeune voltigeur
Apprenoit à danfer; et déjà fon adresfe,
   Ses tours de force et de fouplesfe
   Faifoient venir maint fpectateur.
Sur fon étroit chemin on le voit qui s'avance;
Le balancier en main, l'air libre, le corps droit,
   Hardi, léger autant qu'adroit,
Il s'éleve, descend, va, vient, plus haut s'élance,
   Retombe, remonte en cadence,
   Et, femblable à certains oifeaux
Qui rafent en volant la furface des eaux,
   Son pied touche, fans qu'on le voie,
A la corde qui plie et dans l'air le renvoie.
Notre jeune danfeur tout fier de fon talent,
Dit un jour : à quoi bon ce balancier pefant
   Qui me fatigue et m'embarrasfe ?
Si je danfois fans lui, j'aurois bien plus de grace,
   De force et de légéreté.
Ausfitôt fait que dit, le balancier jetté,
Mon étourdi chancelle, étend les bras et tombe.
Il fe casfe le nez et tout le monde en rit.

Jeunes gens, jeunes gens, ne vous a-t-on pas dit
Que fans regle et fans frein tôt ou tard on fuccombe?

La vertu, la raïſon, les loix, l'autorité,
Dans vos déſirs fougueux vous cauſent quelque peine,
C'est le balancier qui vous gêne,
Mais qui fait votre ſûreté.

L'Oiſon et le Serpent.

Je ſuis le favori des cieux,
Diſoit un jour l'oiſon tout orgueilleux;
Et ſe croyant un perſonnage:
Eſt-il quelque animal, en ce vaste univers,
Qui puiſſe avoir reçu tant de dons en partage?
Je ſuis fait pour les eaux, pour la terre et les airs.
Ennuyé de marcher, je nage;
Et, ſuivant mes goûts divers,
S'il me plaît de voler, je vole.
Compere, lui dit le ſerpent,
En ſifflant,
Pourquoi s'enorgueillir d'un mérite frivole?
Attends, pour nous vanter ces dons,
Que tu puiſſes des cerfs égaler la viteſſe,
La rapidité des faucons,
Ou l'agilité des poiſſons.

N'oubliez pas ceci, trop aveugle jeuneſſe:
Savoir un peu de tout, et rien parfaitement,
Aux yeux du ſage est un mince talent.